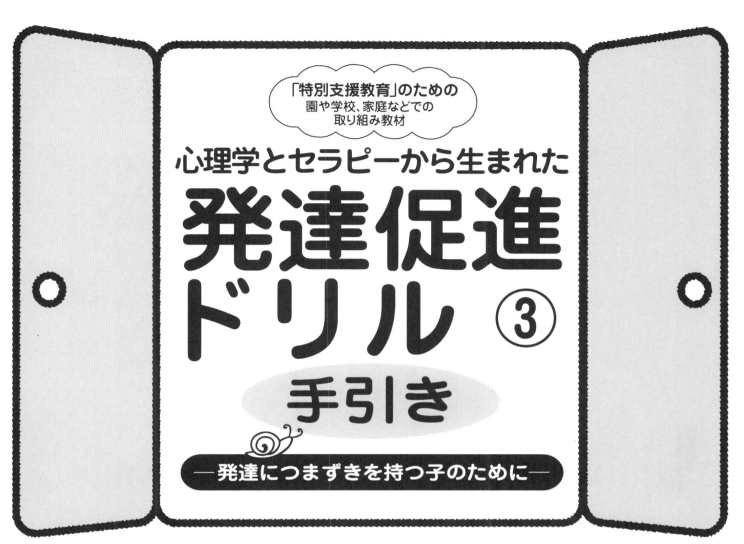

「特別支援教育」のための
園や学校、家庭などでの
取り組み教材

心理学とセラピーから生まれた

発達促進ドリル③

手引き

―発達につまずきを持つ子のために―

編・著／湯汲 英史

〔（公社）発達協会 常務理事／言語聴覚士〕

発 行／すずき出版

発刊にあたって

はじめに ◇◇◇◇◇◇◇◇◇◇◇◇◇◇◇◇◇◇◇

「子どもの発達は拘束されている」といわれます。

歩くことも話すこともできずに生まれてきた赤ちゃんが、1歳を過ぎた頃から歩けたり、話せたりするようになります。運動の発達では、両足で跳べるのが2歳、スキップができるのが4歳となっています。ことばの面も、1歳は単語、2歳は二語文、3歳になると三語文をまねして言え、5～6歳では文字の読み書きができるようになります。

例えばある子が"ぼくは歩くのは後でいいから、お絵描きが先に上手になりたい"と思っても、特別のことがない限りそれはできないようになっています。"自分の思うようには進めない、成長できない"だから「発達は拘束されている」と表現されます。

子どもの中には、自然に次々と進むはずの発達が、スムーズにいかない子がいます。遅れがちな子もいます。どうしてそうなのか、はっきりとした原因は分かっていません。

ただ、このような子たちへのさまざまな試みの中で、発達を促すために指導や教育が必要なことが分かってきました。そして、指導や教育が一定の効果をあげることも明らかになってきました。

この『発達促進ドリル』シリーズは、発達心理学、認知心理学などの知見をもとに作られました。特に、実際に発達につまずきを持つ子にとって有効な内容のものを選びました。

> **★3巻では・・・**
>
> ことばの力の成長とともに、相手から「いってきます」と言われたら「いってらっしゃい」と答えなくてはいけないことが、分かってきます。自分と他者が分離する時期とも考えられています。
>
> 3巻ではおもに、その時期の課題を取り上げました。このドリルに取り組むことで、期待されている役割が分かり始め、受け答えがさらにしっかりとしてくるでしょう。

目的 ◇◇◇◇◇◇◇◇◇◇◇◇◇◇◇◇◇◇

　このドリルは、子どものことば、認知、数、文字の読み書き、生活、社会性などの面での健やかな発達を求めて作られました。

特色 ◇◇◇◇◇◇◇◇◇◇◇◇◇◇◇◇◇◇

①「手引き」では、各問題を解説しました。"子どもの《発達の姿》"として、発達から見た意味を、"指導のポイント"では、子どもの状態を把握できるようにし、また教え方のヒントも示しました。

②内容によっては正答をまず示し、子どもが質問されている内容や答え方などを分かりやすくしました。また、ドリルの中には、ゆうぎ歌もあります。これは、子どもの興味や社会性を高めるために取り上げました。

③このドリルでは、ことば、認知、数、文字、生活、社会性などの領域の問題を取り上げました。ただそれぞれの領域の問題は、明確に独立したものばかりではありません。ことばと生活がいっしょなど、複数の領域にまたがる内容もあります。

　これは、子どもの暮らしそのものが、多様な領域が渾然一体となっていることからきています。

　例えば「洋服を着る」という場面を考えてみましょう。ある子にとってはこのときに、洋服の名前、着る枚数、洋服の色などとともに、用途や裾を入れるなどマナーも学んでいるかもしれません。つまり、子どもは大人のように領域ごとに分けて学ぶ訳ではないということです。

④このドリルは、1冊に12の課題が含まれています。今回のシリーズは10冊で構成されています。シリーズ合計では、120の課題で構成されています。

お願い　　まずは、子どもの取り組もうという気持ちを大切にしましょう。
課題の順番に関係なく、子どもの興味や関心に合わせて、できるテーマから取り組んでください。
　子どもによっては、難しい問題があります。難しくてできないときには、時間をおいて再チャレンジしてください。

　　　　　　　　　　　　　　　　湯汲　英史
　　　　　　　　　　　　　（公社）発達協会 常務理事
　　　　　　　　　　　　　　　　　言語聴覚士

① ことば（物の名前③）

どれですか？①
「おふろは　どれですか？」
「タオルは　どれですか？」
「せっけんは　どれですか？」

どれですか？②
「れいぞうこは　どれですか？」
「とけいは　どれですか？」
「テレビは　どれですか？」

どれですか？③
「バスは　どれですか？」
「ふねは　どれですか？」
「しんかんせんは　どれですか？」

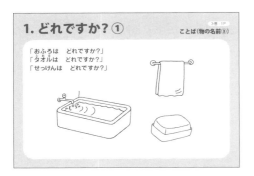

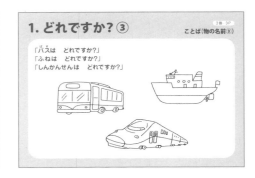

🐻 ことばかけのポイント

● 「どれ」を使う疑問文では、「どれ？」「どれかな？」「どれでしょう？」「どれでしょうか？」「どれだと思いますか？」
といった、さまざまな言い方があります。
試しながら、子どもに伝わりやすい言い方を使ってください。

子どもの《発達の姿》

　ことばの理解が進むと、周りにある物や人に名前があることが分かってきます。子どもは、自分が知らないことばを聞くと、繰り返したりまねしたりして学んでいきます。物への興味が薄かったり、ことばをまねする力が弱かったりする子には、まずは大人が指さしをしながら、子どもにその物をしっかりと意識させるようにしましょう。

　なお当然ですが、子どもによって興味の対象に違いがあります。興味を示している物を手始めに、名前を教えるようにしましょう。物や人に名前があることを理解させるのが、まずは大切だからです。

　まだことばをまねして言えない子の場合には、「ことばは理解が先に進む」（第1巻「手引き」5ページ参照）ことを思い出し、自分から言えるようになるまで待つ必要があります。

指導のポイント

★絵を見ない子

　実際の物やおもちゃで選ぶ練習をします。絵が分かりにくい子のなかには、写真や絵カードだと選べる子がいます。初めは興味を示さなくても、練習の回数を重ねるなかで理解が進む子もいます。

★指さしして選ぼうとしない子

　まずはひとつを隠して、2つから選ばせてもよいでしょう。それでも選べないときには、2つを隠してひとつだけ見えるようにして、指さしを促します。そして、指さしができたらほめてあげます。初めは指さしをすることを、意識させるようにします。

② ことば（用途・抽象語：用途②）

どれですか？①
「たべるものは　どれですか？」
「たべられないものは　どれですか？」

どれですか？②
「のむものは　どれですか？」
「のめないものは　どれですか？」

どれですか？③
「のるものは　どれですか？」
「のれないものは　どれですか？」

2. どれですか？①　　ことば（用途・抽象語：用途②）
「たべるものは　どれですか？」
「たべられないものは　どれですか？」

2. どれですか？②　　ことば（用途・抽象語：用途②）
「のむものは　どれですか？」
「のめないものは　どれですか？」

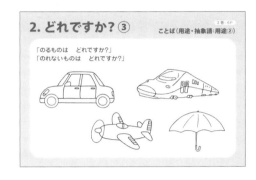

2. どれですか？③　　ことば（用途・抽象語：用途②）
「のるものは　どれですか？」
「のれないものは　どれですか？」

🐻 ことばかけのポイント

●まずは、「食べる」の質問から始めましょう。「食べられない」などの否定形が分かりにくい場合があるからです。次に、ひとつだけ用途の違う物を選ばせるようにしましょう。

●ことばだけでは分かりにくいときには、動作を示しながら話しましょう。

子どもの《発達の姿》

　ことばの理解が進み、名詞から用途などを示す動詞が徐々に分かるようになります。動詞が分かるようになると、二語文が自然に聞かれるようになるでしょう。たとえお話ができなくても、用途を示すことばで適切に絵や実物を選べる子は、二語文での指示などは理解できていると思います。

　ことばの発達には、「場面依存性の言語理解」という段階があります。

　子どもに、洗面台の前で「手を洗って」と言います。言われたあとに子どもが手を洗ったとしても本当に理解しているかどうかは分かりません。洗面台が目の前にある、大人から何かを言われた、これまでも同じようなことがあった、だから手を洗う行動につながったという可能性があります。しかし、「場面依存性の言語理解」という体験をとおして、正確にことばを聞き取る力も育っていくはずです。毎日同じようなことばを使いながら、言語理解を進めたいものです。

指導のポイント

★ことばが分からない

　「コップ　ちょうだい」ではなく、「飲む物　ちょうだい」というように、名詞ではなく動詞を使って、日常的に話すようにします。同じように「シャツ」ではなく「着る物」、靴ではなく「はく物」というように話し、動詞への理解を促し、広げていきます。

　絵では難しくても、実際の物では選んで手渡せる子もいます。実際の物で、繰り返し練習してもよいでしょう。

★「食べられない」など、否定形が分からない

　否定形が分からない場合には、例えば「食べられないだよ」というときに「ない」を強調して言ってみます。合わせて、指や手で×を作って見せ、「ない」というときに視覚的な手がかりを添えます。そうしながら、否定のことばへの注目と理解を促していきます。

③ ことば（疑問詞：だれ）

どっち（だれ）ですか？①
「おとうさんは　どっちですか？」
「おかあさんは　どっちですか？」

どっち（だれ）ですか？②
「おじいちゃんは　どっちですか？」
「おばあちゃんは　どっちですか？」

どっち（だれ）ですか？③
「これは　だれですか？」

ことばかけのポイント

● 「だれ」が分からない段階を想定して、まずは「どっち」ということばで質問し、選ばせるようにしました。そのあとに、「だれ」という疑問詞を使って、質問してみましょう。

子どもの《発達の姿》

疑問詞の理解には、順序と段階があることを述べました。（第2巻「手引き」5ページ参照）「なに」、「だれ」は見たり触ったりできる「物」や「人」です。ですから子どもには分かりやすい疑問詞で、実際に言語発達のなかでも初めの頃に理解されます。

しかし、「だれ」という質問と「だれと」とは、難易度が違います。例えば「これは　だれですか？」という質問は目の前にいる人などについて聞いています。ところが「だれと」は、例えば「だれと行きましたか？」や「だれと行きますか？」というように、主に過去や未来のことについての質問で使います。そのため、振り返る力や想像力が必要となります。同じように「だれに」も、子どもによっては難しい質問です。

「だれ」が分かったら、「だれと」「だれに」への理解を促すために、振り返りや想像がしやすいように、写真やカレンダーなどヒントとなる物を使ってみましょう。

指導のポイント

絵の人物は、いうまでもなく本物のお父さんやお母さんとは違います。似ても似つかない場合もあるでしょう。絵の人物を「お父さん」と認識できるためには、ある程度の抽象能力がないと難しいともいえます。分かりにくい子の場合には、まずは実際の人物で試し、そのあとに「写真」→「似顔絵」というようにしていきます。こうやって、段階を追いながら抽象的な表現への理解を促します。

★「だれ」が分からない

例えば「これはお母さん」と話してすぐに、「これは　だれですか？」と聞きます。コツは、子どもが「お母さん」を忘れないうちに質問することです。そうすることで、質問の内容と答え方への理解を促します。

④ ことば（文作り：助詞① 〜の）

どっちですか？①
「おとなの　はなは　どっちですか？」
「あかちゃんの　はなは　どっちですか？」

どっちですか？②
「おとなの　ては　どっちですか？」
「こどもの　ては　どっちですか？」

どっちですか？③
「おとなの　くつは　どっちですか？」
「こどもの　くつは　どっちですか？」

 ことばかけのポイント

●ゆっくりと、ことばを区切りながら言いましょう。

●絵では分かりにくい場合は、実際の靴などを使って教えましょう。

子どもの《発達の姿》

　子どもはある時期から、自分のおもちゃやお母さんを他の子に取られたときに、相手に向かっていく姿を見せるようになります。自分の所有物を、他の子に取られそうなので怒るのでしょう。「自分のおもちゃ」「自分のお母さん」という意識が芽生え出したことが分かります。

　「自分の物・人」という意識が生まれることで、「自分」という意識も目覚めるとも考えられています。

　「自分」という意識の目覚めにより、それまでの「自・他が渾然一体」ともいわれる状態に変化が起こり、「自・他の分離」が進み出すと思われます。

指導のポイント

★ **「自分の」という意識がなく、意味が分からない**

　日常生活の中で、洋服や食器、いすなどで、「自分の物」という意識を強めるようにします。まずは、自分の洋服などを示すために、必要に応じてマークや名札を付けます。しまう場所も一定にします。食器や場所なども固定的にするとよいでしょう。

　また、食事の場面などでは、大皿から取って食事をするのではなく、それぞれのお皿に一人分ずつ盛り付けるようにし、「自分の食べ物」という意識をはぐくむようにします。

　このほかにも、お手伝いや係りの仕事などで役割を与え「自分のやるべきこと」をとおして、「自分の」という気持ちに気づかせます。

⑤ ことば（文作り：助詞②　〜と）

お話、聞かせて①
「おかあさんとおかいもの」

お話、聞かせて②
「おとうさんとおふろ」

お話、聞かせて③
「おとうさんとおかあさんとでんしゃ」

5. お話、聞かせて①　ことば（文作り：助詞②〜と）　3巻-13P
「おかあさんとおかいもの」

5. お話、聞かせて②　ことば（文作り：助詞②〜と）　3巻-14P
「おとうさんとおふろ」

5. お話、聞かせて③　ことば（文作り：助詞②〜と）　3巻-15P
「おとうさんとおかあさんとでんしゃ」

🐻 ことばかけのポイント

● 「おかあさんとおかいもの」の文ですが、「お母さんとお買い物」から発展させて、試しに、「リンゴとバナナを買いました」「帰りに、お友だちと会いました」というように、実際の体験などをもとに会話を広げてみてください。そうやって、「と」の使い方の、さまざまなバリエーションを教えましょう。

子どもの《発達の姿》

「と」を使い始める頃から子どもは、「2つ」ということを意識しだします。2つの物などを比較したり、「同じ」部分に注意を向け出したりすることもあります。なかには「1,2（いち、に）」と数えることに興味を持つ子もいます。

逆に言えば「と」を使わない子の場合は、比較や「同じ・違う」「数える」などへの興味が育ちにくい可能性があります。日常的に「○○と□□」や、「○○と行こうね」というように、「と」を意識的に使って話をしましょう。

例えば、「○と□と△と・・・」というように、いくつもの物をつなげて話すと、子どもによっては理解できない場合も出てきます。子どももそうですが、人には一度に記憶できる単語の数（短期記憶の能力）に違いがあるからです。

☆なお、「短期記録」については、第2巻「手引き」7ページ
　ことば（短期記憶：2つ）も合わせてお読みください。

指導のポイント

★ 「と」を抜かしてしまう

日常的に、会話の中で「と」を強調して言い、「と」への意識を高めます。

文字が分かる場合には、「リンゴ○バナナ」といった問題を作り、○の中に「と」を入れる練習も効果があるでしょう。

★ 「と」ではなく違う助詞を使い、間違える

助詞の言い間違いなどですが、それに気づくのは「違和感」ともいわれています。たくさんの会話や文章を読むうちに、子どもは自然に適切な助詞の使い方を体得していくのでしょう。あせらずに気長に構えることも必要と、経験的にも思います。

⑥ ことば（自他の分離①）

こんなとき、何と言いますか？①
「ちょうだい」「どうぞ」

こんなとき、何と言いますか？②
「かして」「いいよ」

こんなとき、何と言いますか？③
「いってきます」「いってらっしゃい」

6. こんなとき、何と言いますか？① ことば（自他の分離①）　3冊 16P

「ちょうだい」「どうぞ」

6. こんなとき、何と言いますか？② ことば（自他の分離①）　3冊 19P

「かして」「いいよ」

6. こんなとき、何と言いますか？③ ことば（自他の分離①）　3冊 18P

「いってきます」「いってらっしゃい」

🧸 ことばかけのポイント

●ドリルの次には、実際の場面で試してみましょう。
　繰り返していくうちに、子どもの理解は進んでいきます。

子どもの《発達の姿》

　子どもは「自・他が渾然一体」とした未分離の状態から、「自・他が分離」していくとされます。他の子が泣くと自分も泣いてしまう、いわゆる「感情が伝染」していた子に、それが見られなくなります。子どもが、周りに影響されなくなり泣かなくなる頃を、自他の分離期と考える人がいます。

　子どもが、「自分で、自分で」と、何でもやりたがる時期があります。一般的には、1歳後半あたりからです。自分という意識の高まりから、この頃を自他の分離期と呼ぶ人もいます。

　自他の分離については、いろいろな考え方がありますが、相手と自分の言うことが違うことに気づくのは、自他の分離のあかしともいえます。

指導のポイント

★適切なことばを言えない

　絵だけでは分かりにくい場合には、大人が2人で、あるいは大人と子ども、子どもと子どもの2人で、演技を見せながら適切なことばを教えます。

　「貸して」に、「だめ」「いや」とすぐに答える子がいます。貸したくない気持ちの表れともいえます。こういう子の場合、お菓子などを他の子と「はんぶんこ」して食べる体験が少ない可能性があります。このために、スムーズに貸すことができません。「かして」に「いいよ」と言えるためには、分け合う体験が必須とも思います。まずは「はんぶんこ」など、他の子などと分け合う体験をたくさん積ませる必要があります。

⑦ 文字（空間把握：上下①）

どっちでしょうか？①

「いすの　うえは　どっちで
しょうか？」
「いすの　したは　どっちで
しょうか？」

どっちでしょうか？②

「つくえの　うえに　いるのは　どっち
でしょうか？」
「つくえの　したに　いるのは　どっち
でしょうか？」

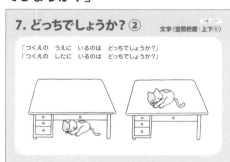

どっちでしょうか？③

「テーブルの　うえに　あるのは
どっちでしょうか？」
「テーブルの　したに　あるのは
どっちでしょうか？」

 ことばかけのポイント

● 絵では分かりにくい子には、実際に子どもにやってもらいます。そして、「うえ」「した」とことばにしてもらいます。言えない子には、手振り身振りや文字に書いてもらいます。

● 食器や果物などを使って、いろいろな物で試してみましょう。

● 実際の体験から「上下」の関係を学び、そのあとに絵で理解できるようになります。絵から学び、分かるようになるのではありません。繰り返しになりますが、理解のためには実際の体験が重要となります。

子どもの《発達の姿》

　人間の思考の特徴として、「大きい―小さい」「高い―低い」など、反対概念で物事をとらえる点が挙げられます。（第1巻「手引き」8ページ　数：大小比較① をご参照ください）

　「大小」や「高低」は、ひと目でその違いが分かります。同じように、空間の位置を示す「上」「下」もまた、反対概念であり、ひと目で分かるような気がします。ところが実際には、「上下」を決めるのはそう簡単なことではありません。例えば、「机の上のネコ」「机の下のネコ」では上下を決めるのは「机」となります。ここでもしも、天井を基準としたらどうなるでしょうか？　そうすると、机の上下はなくなってしまい、「天井の下にネコはいる」ということになります。

　「空は上、地面は下」と思いがちですが、地中から見れば地面は「上」になります。このように、「上下」という空間の位置は見た目だけで分かるものではありません。基準となる面との関係で決まりますから、「○○の上」の○○が分からないと、正しく上下を決めることはできません。

　基準面の違いで、位置を表すことばがまったくの反対になってしまうことがあります。このような関係性は、ことばの力が不十分な子どもには分かりにくいといえます。位置関係を示すことばが、場面や物などによって正しかったり、分かりにくかったりする理由はこの点にあるようです。分からない場合には、そのつど、教えていく必要があります。

　例えば、子どもが「大きい」と言うとき、「自分よりも大きい」という意味で使うとされます。まずは「自分の身体」が基準となり、だからこそ運動によって「ボディーイメージ」を育てることが大切とされます。

8 文字（空間把握：上下②）

どっちでしょうか？①

「うえにいる　こは　どっちで
しょうか？」
「したにいる　こは　どっちで
しょうか？」

どっちでしょうか？②

「うえに　いるのは　どっちで
しょうか？」
「したに　いるのは　どっちで
しょうか？」

どっちでしょうか？③

「きの　うえに　いるのは　どっちで
しょうか？」
「きの　したに　いるのは　どっちで
しょうか？」

🐻 ことばかけのポイント

●地面をベースにすれば、子どもたちは２人とも上にいることになります。このため、「下には、子どもはいない」と思い、そう答える子がいます。こういう場合は、１階と２階の間に何かを置いて区切るか、線を引いてみて、基準面を分かりやすくします。そして質問するようにします。

●基準面によって、「上」「下」が変わることが分かってくると、子どもは答えが逆転することがとてもおもしろくなるようです。２階は１階の上だけど、３階からだと下になると言って笑ったりします。そのことばから、相対的なものの見方が理解されてきたことが分かります。

●上下が分かってきたら、基準面を変えてみましょう。そうやって、「上」「下」が逆になったりするおもしろさを伝えます。

指導のポイント

★「上下」の関係が分からない

上下を聞くと、何でも「上」と答える子がいます。よく分かっていないからですが、上下関係が混乱している場合もあります。繰り返し、実際の物で質問しながら、理解を促していきましょう。

★分かったり、分からなかったりする

先にも述べましたが、基準面を示すことばが分からない可能性があります。例えば、「机の」とか「いすの」という部分です。絵で分からない場合は、実際の物を使って基準面を示し、教えてみましょう。

★実際に、「机の下に置いて」と言っても分からない

上下は、子どもによって理解しにくい部分があります。例えば、机の下に箱を置き、「机の下に箱があるね」「箱に入れて」というように、上下にではなく、まずは箱に注目させます。そして、その箱は「下にある」ことを教えていきましょう。こうやって「上」「下」のことばへの注意を高めていきます。

9 数（比較：大小③）

どれでしょうか？①
「おなじかたち、おおきさの　ものは　どれでしょうか？」

どれでしょうか？②
「おなじかたち、おおきさの　ものは　どれでしょうか？」

どっちでしょうか？③
「おおきいのは　どっちでしょうか？」

9. どれでしょうか？①　数（比較：大小③）3巻 25P

「おなじかたち、おおきさの　ものは　どれでしょうか？」

9. どれでしょうか？②　数（比較：大小③）3巻 26P

「おなじかたち、おおきさの　ものは　どれでしょうか？」

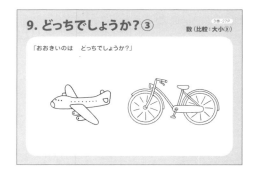

9. どっちでしょうか？③　数（比較：大小③）3巻 27P

「おおきいのは　どっちでしょうか？」

ことばかけのポイント

●形と大きさの、2つの点に注目させる必要があります。

子どもの《発達の姿》

　子どもは理解が進むにつれて、例えば、①同じ大きさ ②同じ形 ③同じ模様 というように、ひとつの要素だけでなく、2つ、3つと複数の要素を同時に見比べ、まったく同じ物を選び出すことができるようになります。

　ただ、複数の要素は、一度に分かるようになるのではありません。2つの要素が分かるようになってから、時間をおいて3つの要素に注目できるようになります。

　複数の要素に気づけるようになってくると、一面的に物事を理解するのではなく、例えば人の意見を聞き入れるなど、子どもは多面的な捉え方ができるようになります。

　複数の要素が理解されると、例えばリンゴを見ながら、「リンゴ（名前）」、「大きい（大小）」「赤い（色）」「食べられる（用途）」など、多面的に説明できるようになります。たくさんの要素を引き出せるようになることが、認識の発達といえます。

　「リンゴ」と「ポスト」は、その色、形状、材質などまったく違います。ところがただ一点、「赤い」というところに共通点があります。何の関係もないように思える2つの物が、色という共通点で結ばれます。複数の要素に着目できることは、共通点などへの理解を生み、さらには連想する力を高めるとも考えられています。

指導のポイント

★複数の要素に注目できない

　分かりにくいときは、絵を1枚ずつのカードにして、それを何セットか作り、同じものに分類することから始めてみましょう。

　色をぬって違いをはっきりさせると分かりやすくなります。

⑩ 社会性 （思いやり：あげる—もらう①）

あげる・もらう①
「おねえさんから　もらう」

あげる・もらう②
「おねえさんに　あげる」

あげる・もらう③
「おともだちに　あげる」

ことばかけのポイント

●はっきりとことばを区切って、子どもに分かるように話しましょう。
●絵を見たあとに、おもちゃなどを使い「あげる—もらう」を実際にやってみましょう。

子どもの《発達の姿》

「はんぶんこ」の次に、「あげた—もらった」ということばが聞かれ出します。このときに子どもは、人にあげたことを誇るように話し出します。また、だれかからもらったことも、大人に話せます。もらったことを、記憶できるようになるといえます。

しきりに「あげた—もらった」と言う時期は、自分と他者の区別ができたともいえます。それまでは自分がある物をほしいときでも「○○あげる」と言うことがありますが、区別ができると、ちゃんと「ちょうだい」と言えるようになります。

物をあげたり、もらったりする体験のなかで、子どもは感謝の気持ちも育てていくようです。ただこの段階では、もらったときに感じる自分の気持ちと、「ありがとう」と言うことばが、スムーズには結びつきません。このために物をもらっても、すぐには「ありがとう」ということばが出てきません。大人は「ありがとう」と言うべき場面を教え、また、言うべきタイミングを伝える必要があるようです。

「あげる—もらう」ということばは、人との貸し借りを理解する出発点なのかもしれません。子どもはもらうだけでは、気持ちが落ち着かなくなります。そのためか、何かをもらったあとには、自然にお返しができるようになります。こういう体験のなかで、社会のしくみを実感として理解していくのでしょう。

指導のポイント

★あげても誇らしげにしない

ついこの間まで、赤ちゃんで何もできなかった子が、他の子に物をあげられるようになったならば、大きく成長したといえます。その成長ぶりに子ども自身が気づいていない場合もあります。こういうときには、大人が代わりにおおいにほめ、また認めてあげ、誇らしい気持ちに気づかせましょう。

★もらってもうれしそうでない

少々大げさでも「よかったね」と伝えましょう。

「あげたり、もらったりする」ことへの意識を高めることが、子どもの社会性の発達にとって大切です。

⑪ 社会性（生活：歯磨き）

歯磨き①
「はみがきは　どっちでしますか？」

歯磨き②
「はみがきするのは　どっちでしょうか？」

歯磨き③
「はみがきすると　どっちになるでしょうか？」

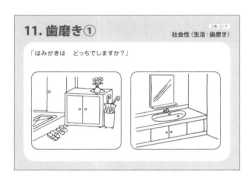

11. 歯磨き①　社会性（生活：歯磨き）　3巻-31P

「はみがきは　どっちでしますか？」

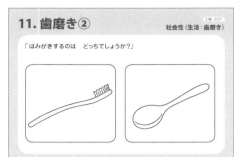

11. 歯磨き②　社会性（生活：歯磨き）　3巻-32P

「はみがきするのは　どっちでしょうか？」

11. 歯磨き③　社会性（生活：歯磨き）　3巻-33P

「はみがきすると　どっちになるでしょうか？」

ことばかけのポイント

● 2つの物から、ひとつの正解を選ばせる形式です。
● 分かりにくいときには、正解の絵だけを見せます（間違っている絵は隠します）。そして、質問の文を読み、正解の絵を選ばせましょう。
● 子どもが間違った絵を選んだときには、「ブッブー」というように、音で示してもよいでしょう。
● 大人がわざと間違えて選び、自分で「ブッブー」と音を出して間違っていることを示します。そうやって、絵の正誤を明確に示します。

子どもの《発達の姿》

　子どもが「歯磨きしよう」と言って、洗面台の前に立ち、歯ブラシを持って歯磨きを始める姿が見られるようになったなら、歯磨きが分かってきたといえます。

　分かるために大切なのは、歯磨きをする場所、使う道具、そして歯磨きという行為が分かることです。歯磨きが上手にできるためには、この他に手の動かし方や清潔にしようという意識が関係してきます。清潔という意識は難しいのですが、日々の生活をとおして理解を促していきましょう。

指導のポイント

　口の中の感覚が過敏なこともありますが、実際には多くの子どもは、歯ブラシで磨くことを初めは嫌がります。そこで、まずは指から始めて、歯磨きの回数を増やすというように、子どもに徐々に慣れさせていきます。感覚が過敏だからと考え歯磨きをしないと、治療をはじめとしてゆくゆくはたいへんなことになります。早い時期から、歯ブラシで磨くことに慣れさせましょう。

※このドリルでは、歯磨きの指導法については触れていません。
　指導の際には、身辺自立の指導に詳しい『できる！をめざして』
　（武藤英夫／著　かもがわ出版／刊）がたいへん参考になります。

12 社会性（感情のコントロール力：手はおひざ）

どっちがまるでしょうか？①
「どっちが　まるでしょうか？」

どっちがまるでしょうか？②
「どっちが　まるでしょうか？」

どっちがまるでしょうか？③
「どっちが　まるでしょうか？」

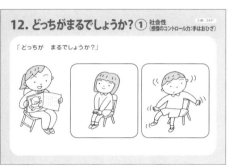  

 ### ことばかけのポイント

●分かりにくい場合には、正解の絵だけを見せて選ばせましょう。

●正解の絵を指さして話すときは明るい声で、間違った絵のときには「いけないことだよ」という気持ちを込めて読んでもよいでしょう。

●「まる」ではなく、「どっちがお兄さん（お姉さん）でしょうか？」と質問してもよいでしょう。子どもの"成長したい"という気持ちをはぐくみます。

子どもの《発達の姿》

「手はおひざ」と、指導の前に子どもに言います。「手はおひざ」に合わせて手を置いた瞬間から、子どもは大人とのやりとりを意識します。食事の前の「いただきます」、授業開始のときの「礼」のかけ声、学校や会社の朝礼での「おはようございます」…。何かを始めるときに、相手や集団にスタートを意識させることばです。「手はおひざ」は、指導を始めたばかりの子に対し、礼儀やあいさつのことばのような役割を持ちます。

始まりを、教えるためばかりではありません。「手はおひざ」にすることで、教材などを勝手に触らないで、大人の動きをよく見ることを伝えます。子どもはことばの力が十分ではありません。だからこそ、よく見て学ぶ必要があります。このような学習法を「観察学習」と言います。

大人の指示を待たずに、おもちゃなどにすぐに手を出してしまう子は、観察学習が不足しているといえます。そのために、自分勝手にやって、失敗することが多くなります。失敗すれば、当然ですがおもしろくありません。おもしろくなければ興味は続きません。それですぐに飽きてしまいます。こういう悪循環を断つためにも、手はひざにしてお手本をよく見ることが必要です。よく見ることができれば、たとえ失敗しても、適切なやり方を教わることができます。

指導のポイント

★「手はおひざ」ができない

「手はおひざ」と大人が言っても、子どもは長い間は守れません。そのうちに、手が出て勝手に触ろうとすることでしょう。

そのときに「あれ？　手は？」と言います。子どもがそれに気づき、手をひざに置けば、その場のルールが分かってきた可能性があります。

ルールは見えません。見えないけれども、それを了解し、守る努力をしなくてはいけません。見えないルールが、社会の中には張りめぐらされています。ルールがあること、そしてそれを守らなくてはいけないこと、そういう約束事への理解の第一歩が、「手はおひざ」でもあります。

心理学とセラピーから生まれた　発達促進ドリル　10巻内容一覧

※内容は、一部変更される場合があります。ご了承ください。

分類	項目	1巻	2巻	3巻	4巻	5巻	6巻	7巻	8巻	9巻	10巻
A.ことば	擬音語	擬音語①指さし	擬音語②								
	物の名前	物の名前①	物の名前②	物の名前③	物の名前④	物の名前⑤（2切片）	物の名前⑥（3・4切片）	物の名前⑦（5切片）		物の名前⑧（複数）	
	用途・抽象語	用途①		用途②	抽象語①	物の属性①	抽象語②		物の属性②		
	（からだの部位）	からだの部位①②			からだの部位③		からだの部位④				
	異同弁別ほか	おなじ				ちがう①②	間違い探し①	間違い探し②	探し物	探し物	欠所探し
	疑問詞		何	だれ	どこ	いつ	どうやって				
	文作り（表現など）二語文理解	二語文理解①	二語文理解②								
	助詞			助詞①②	助詞	助詞③					
	確認・報告			確認・報告							
	叙述・説明（様子の表現）					（表現①）	叙述・説明①／（様子の表現②）	叙述・説明②／（様子の表現③）	叙述・説明③／（様子の表現④）	（様子の表現⑤）	叙述・説明①②／（様子の表現⑥）
	なぜ・どうして（理由など）						なぜ、どうして①／（何のお仕事？①）	なぜ、どうして②／（何のお仕事？②）	なぜ、どうして③／（何をした？①）	なぜ、どうして④／（何をした？②）	なぜ、どうして／（明日は何をする？）
	振り返り						振り返り①	振り返り②	振り返り③		振り返り③
	得意・苦手なこと						得意なこと	苦手なこと	上手になりたいこと		
B.文字	※短期記憶		2つ				文の記憶①	文の記憶②			文の記憶③
	自他の分離			自他の分離①			自他の分離②				
	形の見分け・文字		形の見分け①		形の見分け②				文字を読む①	文字を読む②	文字を読む①②
	字を書く									字を書く	字を書く
	模写	線を引く①			線を引く②						
C.数	空間把握			上下①②	そば		前後		なか・そと		
	数字						数字（レジスターなど）	数字①			数字②
	比較	大小比較①	大小②	大小③		高低	長短	多少①	多少②		
	集合数					集合数①		集合数②		集合数③	
	数唱					数唱（5まで）		数唱（10まで）			
	順位数（序数）						順番と待つ態度	順位数①		順位数②	
	合成と分解						合成と分解①		合成と分解②③		
D.社会性	模倣・ルール	いっしょに①	いっしょに②	あげる─もらう①	順番・ルール①②	あげる─もらう②					
	思いやり	はんぶんこ①	はんぶんこ②								
	役割を果たす			～して、～やって		～して、手をおひざ	～の仕事①	～の仕事②	～の仕事②	～の仕事③	～の仕事③
	生活			口を拭く、手を洗う、顔を洗う	排泄	歯磨き	洗顔			一般知識	道徳①②
	感情のコントロール力	そっと	大事・大切			残念・仕方ない	「かして」と言う	小さな声で言う	わざとじゃない	～かもしれない	怒った声を出さない
	問題数	12	12	12	12	12	12	12	12	12	12

※参考文献等は、10巻目で紹介します。

1. どれですか？ ①

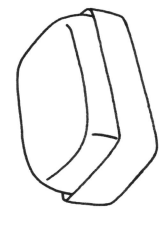

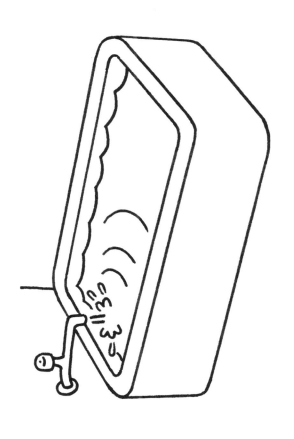

「おふろは　どれですか？」
「タオルは　どれですか？」
「せっけんは　どれですか？」

「れいぞうこは　どれですか？」

「とけいは　どれですか？」

「テレビは　どれですか？」

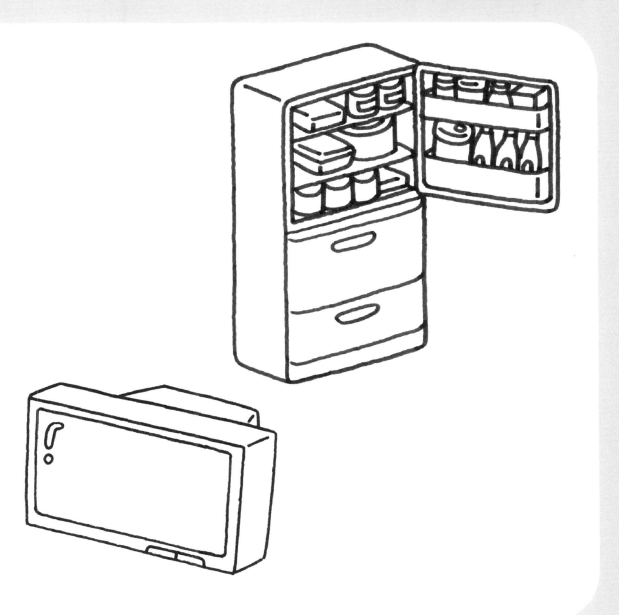

1. どれですか？③

ことば（物の名前③）

「バスは　どれですか?」
「ふねは　どれですか?」
「しんかんせんは　どれですか?」

2. どれですか？①

ことば（用途・抽象語：用途②）

「たべるものは　どれですか?」
「たべられないものは　どれですか?」

「のむものは　どれですか?」
「のめないものは　どれですか?」

2. どれですか？ ③

「のるものは　どれですか？」
「のれないものは　どれですか？」

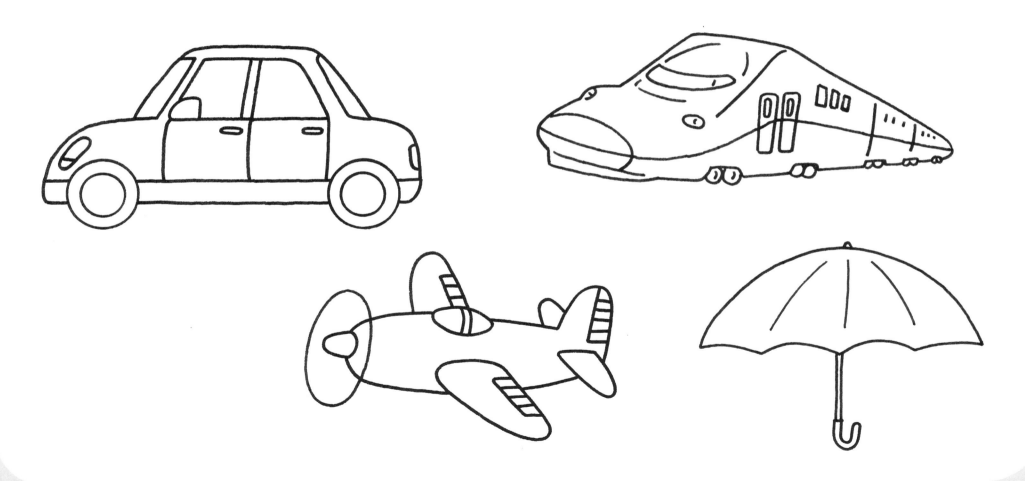

ことば（疑問詞：だれ）

「おとうさんは　どっちですか？」
「おかあさんは　どっちですか？」

3. どっち（だれ）ですか？②

ことば（疑問詞：だれ）

「おじいちゃんは　どっちですか？」
「おばあちゃんは　どっちですか？」

「これは　だれですか?」

※絵を指さしながら、質問しましょう。

ことば（文作り：助詞① 〜の）

「おとなの　はなは　どっちですか？」
「あかちゃんの　はなは　どっちですか？」

ことば（文作り：助詞① 〜の）

「おとなの　ては　どっちですか？」
「こどもの　ては　どっちですか？」

ことば（文作り：助詞① 〜の）

「おとなの　くつは　どっちですか？」
「こどもの　くつは　どっちですか？」

「おかあさんとおかいもの」

「おとうさんとおふろ」

「おとうさんとおかあさんとでんしゃ」

「ちょうだい」　「どうぞ」

「かして」「いいよ」

「いってきます」 「いってらっしゃい」

「いすの　うえは　どっちでしょうか？」
「いすの　したは　どっちでしょうか？」

「つくえの　うえに　いるのは　どっちでしょうか？」
「つくえの　したに　いるのは　どっちでしょうか？」

7. どっちでしょうか？③

文字（空間把握：上下①）

「テーブルの　うえに　あるのは　どっちでしょうか？」
「テーブルの　したに　あるのは　どっちでしょうか？」

8. どっちでしょうか？ ①

「うえにいる　こは　どっちでしょうか？」
「したにいる　こは　どっちでしょうか？」

「うえに　いるのは　どっちでしょうか？」
「したに　いるのは　どっちでしょうか？」

8. どっちでしょうか？③

「きの　うえに　いるのは　どっちでしょうか？」

「きの　したに　いるのは　どっちでしょうか？」

「おなじかたち、おおきさの　ものは　どれでしょうか？」

「おなじかたち、おおきさの　ものは　どれでしょうか？」

9. どっちでしょうか？③

数（比較：大小③）

「おおきいのは　どっちでしょうか？」

10. あげる・もらう①

社会性（思いやり：あげる―もらう①）

「おねえさんから　もらう」

「おねえさんに　あげる」

10. あげる・もらう③

社会性（思いやり：あげる―もらう①）

「おともだちに　あげる」

11. 歯磨き①

「はみがきは　どっちでしますか？」

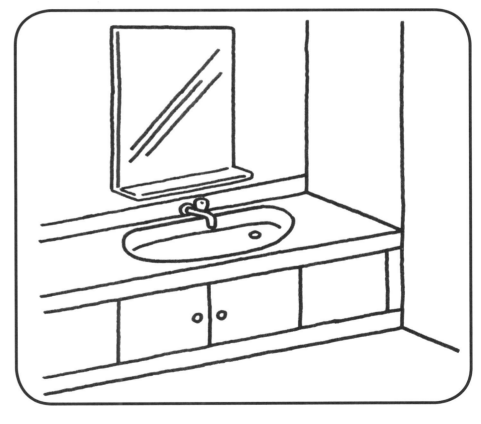

「はみがきするのは　どっちでしょうか？」

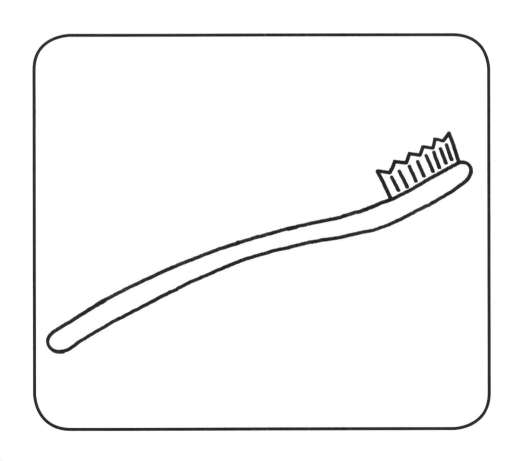

11. 歯磨き③

「はみがきすると　どっちになるでしょうか？」

「どっちが　まるでしょうか？」

12. どっちがまるでしょうか？ ② 社会性
（感情のコントロール力：手はおひざ）

「どっちが　まるでしょうか？」

12. どっちがまるでしょうか？③ 社会性
（感情のコントロール力：手はおひざ）

「どっちが　まるでしょうか？」